11

ELS CINC ENIGMES DEL REI

Manel Alonso

il·lustració
Robert Amoraga

EDICIONS ABRIL
PRODIDACTA

A COLP DE PEDAL

A colp de pedal és una colla d'amics i amigues del barri de Russafa, a la ciutat de València: Berta, Martí, Jamal, Puig, Blanca (la bibliotecària del barri) i Ulisses, un divertit i viatger gos. La seua afició per la bicicleta i per la natura, els ha units.
La ciutat és una geografia massa allunyada de l'ocre de les muntanyes, del verd dels boscos o del blau de la mar, per despertar passions en els amants de la natura. És per això que la colla **A colp de pedal** comença a recórrer les comarques valencianes. A poc a poc, aniran descobrint un paisatge que sols coneixien pels manuals de classe o pels llibres de la biblioteca. I, amb la complicitat de les seues bicicletes, s'iniciaran també, a colp de pedal, les intrèpides i divertides aventures d'aquesta colla tan famosa.

Puig Prats,
xarraire i despistada, és amiga de tota classe d'animals, per això acompanya i cuida d'Ulisses. Li encanta conéixer gent i relacionar-se amb tot el món.

Jamal Ben Barek,
és un gran jugador d'escacs. Observador i sagaç, sempre està atent a descobrir la clau de l'enigma de tota aventura.

Blanca March, afectuosa, té un caràcter independent i manté bona quantitat d'amics i amigues, amb la resta és més bé reservada i misteriosa. Per altra banda és molt activa i li encanta practicar tota classe d'esports.

Martí Quintanilla, és el més boig i nerviós de tots els amics de la colla, i encara que un poc milhomes, té un bon cor i un gran sentit de l'amistat. Diu que és un geni de la informàtica.

Berta Sanchis, irònica i intel·ligent, és el cervell pensant de la colla. Té una bicicleta molt particular: alguns diuen que és màgica, altres que és una vella andròmina.

Ulisses, l'amic de quatre potes, juganer i tafaner acostuma a ficar-se en tota mena d'embolics.

Í N D E X

1 Mira quin llibre

Feia tard. Una vegada més arribava tard, però encara que semble mentida aquesta vegada no era per culpa meua. El meu pare m'havia demanat que per uns moments atenguera la nostra botiga El Xiquet Ploró, mentre ell parlava una estona per telèfon amb un amic de la infantesa.

—És qüestió d'uns minuts —em va dir.

Però es van tirar prop de tres quart d'hora xarra que xarraràs. I no és que vulga censurar el meu pare. Supose que si jo deixara de veure Puig o qualsevol de la colla, incloent-hi el Martí, durant tant de temps com el pare el seu amic, en tornar a parlar o a veure'ns faríem el mateix.

Ara, mentrestant, calia donar-me pressa. Havíem quedat tota la colla a la biblioteca amb Blanca, i de segur que en arribar-hi tots, com sempre, es clavarien amb mi i amb la meua falta de puntualitat.

Vaig obrir la porta i no hi havia ningú. Cansats d'esperar-me, ja se'n devien haver anat. Així, com que no sabia on anar sola, vaig decidir buscar un bon llibre i passar la vesprada a la biblioteca.

Vaig recórrer les prestatgeries dels còmics, les dedicades a la literatura infantil i juvenil i, en arribar a les enciclopèdies, em vaig adonar que la porta del despatx de Blanca estava entreoberta. Vaig obrir-la una miqueta més i en guaitar-hi un ample somriure se'm va dibuixar sota el nas. Al voltant de la taula eren tota la colla: Jamal, Martí, Puig i Ulisses, no m'hi faltava ningú; bo, sí, jo, Berta.

—Hola! Ja estic ací, disculpeu el retard.

Capficats com estaven amb un llibre que els mostrava Blanca, ni em van sentir. Sols Ulisses se m'acostà bellugant la cua.

—Hola!, he dit hola!

—Ah! Hola, Berta, ja has arribat?

—Sí, ja ho sé, m'he endarrerit, però és que el pare... —vaig dir intentant disculpar-me per la meua tardança.

—Sí, sí, el pare —em contestà burleta Martí.

—Bo, deixem-ho, de tota manera no em creuríeu. Què feu? —amb la intenció de canviar de tema, doncs no volia tindre-la una altra vegada amb el Martí.

—Estic ensenyant-los un llibre que té més de cinc segles —va dir mirant-me Blanca.

—A veure... Uix! Sembla escrit i pintat a mà —em va corregir Jamal.

—No és que ho semble, és que està escrit i pintat a mà.

—Aquest està fet abans que s'inventara la impremta —m'informà Puig—. I, aleshores, es feia tot a mà.

—Sí, el món de l'edició dels llibres ha canviat molt a través dels segles. Va haver-hi un temps en què una gent que anomenaven copistes, que solien ser frares, eren els encarregats de fer els llibres. Es tractava d'un procés molt llarg i lent. A partir de la invenció de la impremta les còpies de cada llibre augmentà i el procés es féu relativament més curt i menys costós —va dir Blanca, per a qui els llibres són part del seu ofici però també la seua passió.

—Blanca, d'on l'has tret? —li va preguntar encuriosida Puig.

—Me l'ha deixat un amic del meu poble que ara és prior d'un monestir.

—Tens un amic prior? —li vaig preguntar estranyadíssima, mai no ho hauria pensat, a mi això em sonava a cosa antiga i com que ella era tan moderna, doncs, la veritat, em costava creure-ho.

—Sí, el prior del Reial Monestir del Puig, on encara conserven alguns d'aquests llibres manuscrits. Però de segur que a vosaltres totes aquestes coses vos deuen avorrir molt.

—No! —cridàrem tots a una.

—Tot al contrari, Blanca, ens sembla un món molt interessant —vaig dir jo.

—La veritat —confessà Jamal— és que estem tot el dia a classe envoltats de llibres i mai no ens hem preocupat de saber com es fan ni res de res.

—Vos agradaria saber com es feien els llibres abans?

—Sí, per què no —contestà Martí en nom de tots—, però no ens envies a buscar-ho en una enciclopèdia.

—No, vos propose una cosa millor: fer una xicoteta excursió.

—On?

—El diumenge agafarem les bicis i pujarem al metro fins a Rafelbunyol, i una vegada allí anirem al Reial Monestir del Puig, on es troba el Museu de la Impremta, i podrem veure el meu amic el prior. Què vos pareix?

—Ens deixaran pujar les bicis en el metro? —preguntà Jamal.

—I per què no?

—Ostres! Al Puig!

—Sí, al poble que porta el teu nom. O és al revés?

2

Un drac al monestir

Pujar al metro la bici no era cap problema. El problema era Ulisses. Perquè no el descobriren, pensàrem que la millor solució seria amagar-lo en la seua motxilleta. Però no comptàvem amb un xicotet inconvenient, el mateix Ulisses. Per molt que ho intentàvem no hi havia manera de posar-lo dins de la motxilleta. No sé com s'ho arreglava que, encara que l'agafàvem entre tres, acabava escapant-se sempre. Fins que el Martí va tenir una bona pensada.

—Com que és tan tafaner, per què no li provoquem la curiositat.

Així, deixàrem la motxilleta oberta al mig de la sala i cadascú es va posar a fer una cosa diferent, guaitant de cua d'ull, això sí, el que feia Ulisses.

En un principi no li va fer ni cas, però després i a mesura que veia que ningú no s'ocupava d'ell, s'hi va anar acostant a poc a poc. Primer li va donar un parell de voltes, tot seguit la va olorar per fora, i finalment posà el cap i les potes dins. Al crit de "ja està" ens llançàrem sobre ell i l'acabàrem d'introduir dins de la bossa.

Una vegada solucionat el xicotet problema, vam agafar les bicis i ens dirigírem a l'estació de l'Albereda al costat del bonic pont de Calatrava.

Baixàrem les escales i Blanca s'encarregà de traure bitllets per a tots.

De sobte, Ulisses es va posar a bordar. La dependenta es va quedar mirant-nos buscant l'origen dels lladrucs. Martí i Jamal, en veure-la, començaren a imitar tot d'una els lladrucs d'Ulisses.

—Li recorde, senyoreta, que no es permeten gossos en el metro.

—Quin gos? —va contestar dissimulant Blanca—. No es preocupe, no són més que els xiquets... Ja se sap, sempre amb ganes de jugar.

És una mica dificultós agafar el metro en bicicleta, i més si aneu amb cinc com nosaltres. A la fi arribàrem a la línia de Rafelbunyol en el mateix moment que ho feia el trenet.

A poc a poc eixírem dels túnels del metro per l'antic poble de Benimaclet, després passàrem per Alboraia, des de la finestra podíem veure un bon nombre d'orxateries plenes de gent que apagaven la set amb el suc de la xufa. En estiu, mon pare sol durnos a un d'aquests locals a berenar un bon got d'orxata amb fartons. Amb gust hauria baixat a fer-me un granissat!

Després d'Alboraia deixàrem enrera el barranc del Carraixet, Almàssera, Meliana, Foios, Albalat dels Sorells, Museros, Massamagrell, la Pobla de Farnals i finalment entràrem a l'estació de Rafelbunyol.

Des d'aquest poble i a colp de pedal ens adreçàrem al Puig, que era només a uns pocs quilòmetres. A meitat camí Jamal va tenir una xicoteta confusió.

—Mireu, ja es veu el monestir.

—On? —preguntà Blanca.

—Allí —contestà assenyalant amb el dit.

—No, Jamal, encara que ho semble i estiga també al terme del Puig, aquest no és el monestir, sinó la cartoixa de l'*Ara Christi*, actualment sense frares. El monestir que busquem està dins del poble. A més, a l'Horta Nord encara hi ha més convents i monestirs amb una gran història, com ara el de la Magdalena de Massamagrell o el de Sant Miquel dels Reis a l'antic poble dels Orriols, on ara és la Biblioteca Valenciana.

—Caram, estàs molt informada, Blanca, sembles un disc compacte ambulant —va dir Martí de broma.

—És clar. D´alguna manera s´ha de notar que sóc bibliotecària.

Vam arribar al Puig i el primer que ens va sorprendre va ser la seua situació. El poble estava ubicat sobre uns xicotets tossals, una mena d´illots de pedra enmig del pla de l'Horta. No debades un puig és un monticle, un tossal.

El monestir també se situava sobre una lleu elevació del terreny. Pujàrem per una rampa fins a l'esplanada de la porta principal, i allí, en un racó, deixàrem les nostres bicis.

Dins de l'església del monestir Blanca ens va contar, mentre esperàvem el prior, la llegenda d'un drac

ARF
ARF
ARF
ARF
ARF
ARF
ARF
EEEE

que durant un temps va aterrir tota la comarca. Un enorme drac que habitava entre el barranc i les marjals del Puig, fins que un jove molt enginyós, valent-se d'un espill i d'una llança, li va donar mort.

—Durant molts anys el drac, o "dragó del Puig", va estar exposat al monestir.

—Un drac! No m'ho puc creure —vaig exclamar—. Això és un invent de rondalles per a nens. I on era?

—Ací mateix —va contestar-me Blanca, assenyalant el sostre on encara es podia llegir una inscripció que deia: "Si en lo temple no calleu, al meu ventre parareu".

SI EN LO TEMPLE NO CALLEU
AL MELI VENTRE PAKAREU
BLA...
BLA
BLA..
BLA...
BLA...
BLA...
BLA...

—No m'ho puc creure.

Mentrestant, Jamal havia tret de la motxilleta Ulisses, i aquest, tot content per veure's d'una vegada en llibertat, es va llançar alegre a saludar-me i em donà un ensurt de por, pensant com estava en el drac malèfic.

3

El Museu de la Impremta

Els vells monestirs, a l'igual que les velles esglésies i els vells palaus, guarden passadissos i racons secrets per on apareixen i desapareixen els seus habitants.

D'algun d'aquests misteriosos racons, sobtant-nos a tota la colla amb la seua inesperada presència, va eixir el prior en companyia d'un frare.

—No estava en el meu ànim esglaiar-vos.

—Bon dia, prior!

—Com estàs, Blanca? Mira, aquest és el germà bibliotecari —afegí assenyalant el seu acompanyant, un frare molt gros.

—Bon dia, germà.

—Bon dia, senyoreta.

—Supose que aquests són els amiguets dels quals em parlares l'altre dia per telèfon, no?

—Sí, efectivament, i a més estan ansiosos per conéixer el monestir i sobretot el Museu de la Impremta.

El prior es va acomiadar del seu acompanyant per fer-nos de guia. Travessàrem tot un seguit de sales i passadissos fins on es trobaven les dependències del museu.

—Veieu, amb aquestes pesades màquines es feien els llibres. Per compondre cada pàgina l'impressor havia de construir-la amb unes peces de plom que contenien cada lletra.

—Uix! Això devia ser molt lent i pesat de fer! —exclamà Martí.

—I tant! Sobretot si ho comparem amb les tècniques actuals tan ràpides i còmodes, que fins i tot et permeten fer la teua pròpia revista sense eixir de casa.

—Vol dir? —vaig preguntar.

—És clar. Amb l'equip que tinc jo a casa, també ho podria fer —intervingué Martí.

Tot seguit passàrem a veure les estances que utilitzen els reis quan són de visita a València. I finalment, el prior ens va conduir fins a la biblioteca del monestir, on ens va ensenyar un bon nombre de llibres antiquíssims.

—Prior, m'oblidava del més important, ací té el llibre que em va deixar.

—Tots aquests llibres deuen valer molts diners, no? —preguntà Puig.

—Sí, però el seu valor simbòlic i cultural encara és major.

—Ens podria dir quin és el més valuós de tots? —preguntà Jamal.

—Aquest —va dir el prior, agafant un gros volum de la prestatgeria.

—I per què? —hi insistí Jamal.

—Perquè ens parla de la fundació del Regne de València, és a dir del naixement dels valencians com a poble.

—Ah!

—Però... —en iniciar la frase al prior li canvià el semblant—, no sé què li està passant que cada vegada que l'òbric trobe que les pàgines van perdent les paraules. És com si algun animalot xuclara la tinta i s'emportara amb ell les lletres i els seus significats.

—Que potser creu vosté en l'existència del Paperaire?

—Qui? —preguntàrem tots a una.

—Un monstre fantàstic que, segons les llegendes, xucla la tinta dels manuscrits —aclarí Blanca.

—Un monstre! —exclamà Martí.

—Sí, però aquest té molt poc a veure amb els dels videojocs —li va replicar Puig; i és que Martí es passava hores i hores jugant davant del seu ordinador, algunes vegades fins i tot no havia volgut ni eixir amb la colla.

—Un monstre com "el dragó del Puig"? —vaig preguntar recordant-me de l'ensurt que m'havia donat Ulisses.

—No exactament.

—Un monstre com un virus dels ordinadors? —intervingué Martí.

—Sí, però molt més rudimentari i primitiu.

—Tinc el pressentiment que si aquest llibre es quedara en blanc d´alguna manera seria com si els valencians perdérem la memòria dels nostres orígens —digué el prior.

—Vol dir com si tots patírem un atac d'amnèsia? —preguntà Puig.

—Això mateix.

—No pot ser, caldria que férem alguna cosa per evitar-ho!

—Molt bé, Berta! Però què podem fer nosaltres?

—Res —contestà el prior.

De sobte, em va semblar que una ombra ens espiava des de darrera d'unes prestatgeries, m'hi vaig acostar i no, no hi vaig trobar ningú. Tant de monstre m'estava posant nerviosa. En girar cua vaig veure Ulisses que ensumava nerviós unes cortines, les vaig apartar i al darrera hi vaig trobar una porta.

Quan vaig tornar amb el grup, el prior ens estava invitant a dinar:

—Vos quedeu a dinar, Blanca?

—No, moltes gràcies, prior. Els havia promés als *nanos* que els duria a veure la *Patà*. Allí dalt a l'ombra dels pins dinarem.

Creuàrem tot el poble i per un camí molt costerut pujàrem a colp de pedal la muntanya del castell, més coneguda pel nom de la *Patà*. A pesar del pendent tan pronunciat no em vaig cansar gens ni mica; la meua bicicleta màgica es va encarregar de fer tot l'esforç per mi.

Una vegada dalt, Blanca ens va explicar que en el mateix lloc on érem, en un altre temps, hi va haver un castell des d'on el rei Jaume I va conquistar la ciutat de València el Nou d'Octubre del 1238.

—Després d'haver entrat el rei a la ciutat de València, va prometre que tornaria el darrer diumenge d'octubre al Puig per donar gràcies per l'èxit de la seua empresa.

Ens acostàrem a una font de la qual rajava una aigua clara i fresca, i aleshores Blanca, que ho sap tot, ens va explicar la llegenda de la *Patà*:

—Quan les tropes assedegades del rei no trobaven aigua en entrar al Puig, el cavall de Jaume I va pegar una potada al sòl i va descobrir un aljub d'aigua fresca i cristal·lina com aquesta que bevem ara.

Jo estava emocionadíssima pensant que en aquests mateixos escenaris havien passat coses tan interessants i importants. No m'ho podia creure, i a més a més en un lloc tan bonic i tan a prop de la ciutat.

Des d'un antic merlet del castell vam poder veure quasi tota la comarca i fins i tot Sagunt i el seu castell. Puçol al nord, i després cap al sud i l'est tots els pobles i llogarets fins a Burjassot i Paterna. La mar a llevant i els ports de València i Sagunt delimitant la comarca pel litoral al sud i al nord respectivament. Era una visió fantàstica.

—Vos adoneu que des d'ací es domina tota la comarca? I això que la contaminació ens lleva visibilitat. Penseu en els temps del rei En Jaume, fa més de set-cents cinquanta anys, sense fums ni contaminació, amb pobles tant xicotets que no eren més que llogarets i alqueries, sense a penes edificis alts. El rei possiblement veia des d'ací les portes de la ciutat de València i els famosos jardins de Russafa.

—Els jardins de Russafa?

—Sí, Berta, encara que ara semble mentida —digué Blanca amb un deix de nostàlgia en la veu. I ràpidament afegí en un altre to:— Però deixem-nos de tanta xerrameca, i dinem que després se'ns farà massa tard i no podrem fer res.

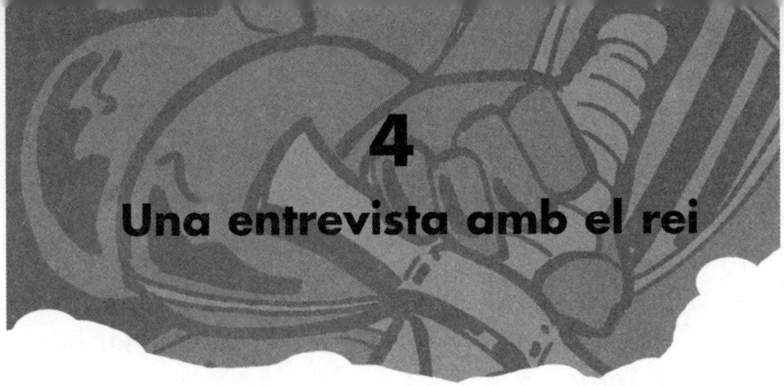

4

Una entrevista amb el rei

Mentre dinàvem a la muntanya de la *Patà* ens vam sentir observats. Ulisses no feia altra cosa que alçar les orelles i mirar cap ací i cap allà gemegant. De què es podria tractar?

—Mireu, són esquirols —va dir Puig, assenyalant els pins que ens envoltaven.

Efectivament, dalt d'algunes branques o simplement abraçats al tronc d'algun pi, ens miraven descarats un bon grapat d'esquirols, que en sentir-se descoberts van fugir. Martí va agafar la meua bicicleta màgica i mamprengué la seua persecució.

—No, Martí, la meua bicicleta no! —li vaig dir, mentre arrancava a córrer darrera d'ell.

En donar-li abast, d'un salt vaig pujar al portant. La bicicleta, per aquell camí de baixada ple de revolts, començà a agafar una velocitat inusitada. Ulisses lladrava tot seguint-nos.

—Frena, Martí! Per favor, que anem massa de pressa —li vaig demanar ja una mica espantada.

Però Martí, en compte de fer-ho suaument i amb els dos frens a la vegada, ho féu només amb el de davant i vam eixir disparats. Quina trompada que ens vam pegar! En alçar-nos de terra, la bicicleta no hi era. Vam buscar-la, però no la vam trobar. Els lladrucs d'Ulisses tampoc no se sentien. Cridàrem

Blanca i, en mirar en direcció on devia trobar-se la resta de la colla, descobrírem dalt de la muntanya un castell.

—D'on ha eixit això? —vaig exclamar.

—I a mi m'ho preguntes? —em replicà Martí.

—Què fem?

I el que vam fer va ser pujar pel camí fins a la porta del castell. Allí, uns soldats vestits com en les pel·lícules del rei Artús i l'espasa Excàlibur ens van parar.

—Alto en nom del rei! —ens van cridar, alhora que creuaven les seues llances per evitar que poguérem traspassar la porta.

Nosaltres ens vam aturar, més espantats que altra cosa. Ens van escorcollar i seguidament ens van fer passar al pati del castell, on hi havia un munt de soldats vestits com ells ocupats en una cosa o altra. Ens dugueren fins on era el seu capità, i aquest ens va dur davant l'amo del castell.

—Vos esperava —va dir un home alt i de barba rossa, que de seguida vaig associar a la imatge que tenia del rei Jaume I.

—A nosaltres? —preguntàrem estranyats.

—Sí, a vosaltres, encara que pensava que n'éreu uns quants més.

—Bo, veurà, és que...

—Deixem-ho estar, no importa. Aquest mateix matí vos han mostrat un llibre que anava perdent les seues paraules. Si el llibre es queda blanc del tot, els valencians del vostre temps deixareu de saber qui sou, d'on veniu, perdreu la vostra llengua i la memòria col·lectiva. Ara, si vosaltres amb els vostres amics aconseguiu desxifrar aquests cinc enigmes que vos lliure en aquest paper, la cosa canviarà i el llibre tornarà a estar poblat de paraules. La vostra és una missió molt important, haureu de recórrer unes quantes viles fins aconseguir-ho. Accepteu?

Ens vam mirar l'un a l'altre i vam dir:

—Sí, majestat.

—Ara tanqueu els ulls i molt bona sort.

Vam tancar els ulls i, en obrir-los, de nou ens trobàrem tots dos al costat de la bicicleta Annacleta. Blanca, Jamal, Puig i Ulisses eixiren corrent al nostre encontre.

—Berta, Martí, esteu bé? —ens preguntà Blanca tota amoïnada.

—Sí, sí, estem bé.

—Blanca, he tingut un somni —li vaig dir molt seriosament.

—Quan, anit?

—No, ara.

—No pot ser, Berta.

—Jo també —contestà Martí.

—Vos dic que no pot ser, a penes heu estat uns segons a terra.

—Sí que pot ser. He somiat que Martí i jo teníem una entrevista amb el rei Jaume I.

—Uix! A vosaltres no vos ha assentat massa bé aquesta excursió.

—No, és veritat. Jo també ho he somiat. El rei ens donava un paper amb tot un seguit d'enigmes. Si els descobrim ens ha dit que tornaran les lletres al llibre *La Fundació del Regne de València*.

—Teniu molta imaginació, vosaltres dos.

Per una vegada que Martí i jo estàvem d'acord en alguna cosa ningú no ens creia.

—Què és això? —es va ajupir Jamal per tal de recollir un paper vell i rebregat que en aquell moment ensumava encuriosit Ulisses.

—Són els cinc enigmes! —vam exclamar Martí i jo al mateix temps.

—Berta, ja vos he dit que això no pot ser. A veure, deixa-m'ho llegir, Jamal.

—Per què no ens creus, Blanca? —preguntà Martí.

—Mira, Blanca, per eixir de dubtes i descobrir la veritat, hauríem de dexifrar el primer enigma —va dir Jamal posant-se de la nostra part.

—Sí, i a més per a resoldre'l només cal anar a Puçol. Encara és prompte, podríem allargar-nos fins allí i després agafar el tren de rodalies en la seua estació per tornar a València —va dir Puig, i ara ja n'érem quatre.

—Què dius, Blanca? —la vam mirar tots amb cara de súplica.

—Està bé, m'heu convençut. Però prometeu-me que si no traiem res en clar vos oblidareu d'una vegada per totes d'aquestes fantasies vostres.

—Sííí!

Vaig plegar del terra la meua bicicleta màgica i molt a prop del manillar li vaig dir suaument:

—Annacleta, tenim un llarg camí per davant. Ajuda les altres bicis perquè arribem prompte a l'estany de Puçol.

5

L'estany de Puçol

De camí cap a Puçol, mentre passàvem pel barranc del Puig, no vaig poder reprimir una certa esgarrifança en pensar en el drac terrible de la llegenda.

En arribar a Puçol ens va sorprendre veure els carrers tallats amb uns grans artefactes de fusta.

—Què és això, Blanca? —va preguntar Jamal.

—Són barreres.

—Barreres? Per a què?

—Perquè no se n'isquen els bous. A l'Horta Nord, a l'igual que en algunes altres comarques, els seus habitants són molt aficionats al bou de carrer. Mireu si a Puçol tenen afecció que fins i tot un dia a l'any els homes fan de bou disfressant-se amb un de cartó.

Deixàrem les bicicletes en la vorera del camí de Puçol, un ramal de l'antiga Via Augusta que arriba fins a Llíria, segons ens explicà també Blanca, i guaitàrem entre els barrots de la barrera. De sobte, una multitud de gent girà la cantonada cridant:

—El bou!, que ve el bou!

La barrera es va omplir de gom a gom i, abans que poguérem dir mu, un bou negre i amb unes banyes enormes entrà al carreró.

La gent des de dalt de la barrera el cridava i l'animal es va acostar tant on érem que vam poder sentir en les nostres cares els seus esbufecs. Quina por, mare meua!

Aleshores, agafàrem les bicis de nou i no paràrem fins a l'eixida del poble pel camí de la mar, on vam veure una gran muralla.

—Blanca, no em pensava que Puçol també estiguera emmurallat.

—I no ho està, Martí. Es tracta de la muralla que tanca el Jardí Botànic de Puçol. Sabeu que ací es va plantar el primer cacau vingut d'Amèrica cap a Europa?

—No!

—Moltes de les plantes que ara tenim com a molt comunes no es coneixien abans del 1492, perquè són originàries d'Amèrica.

—Sí, és veritat, l'altre dia ho vam donar en la classe d'Història —contestà Jamal.

—Podríeu dir-me el nom d'alguna d'aquestes plantes?

—La creïlla, la dacsa, el cacau... —vaig contestar.

—Això no val, aquesta última ja l'havíem dita —em replicà Martí, que tornava a estar disconforme amb mi.

—I el tabac —assenyalà Blanca—. Com podeu veure, no totes les plantes que van dur eren beneficioses per a la salut.

—Vols dir que abans d'arribar els europeus a Amèrica la gent d'ací no fumava?

—Doncs no, almenys fulla de tabac no. Au, anem!

Travessàrem per dalt d'un pont l'autopista A-7 i arribàrem a la mar, després per un camí que seguia la costa arribàrem a l'estany de Puçol.

Un grup de xicots i xicotes ecologistes, carregats amb grans bosses de plàstic, hi recollien pots i cartons. La gent tenim el mal costum de no tractar bé la natura. Deixàrem les bicis a terra i, per un caminet estret, pegàrem la volta a tot l'estany fins arribar de nou a la seua desembocadura en la mar.

—Berta, què diu el primer enigma?

—"A prop de l'estany de Puçol trobareu el nom d´aquells que abans que jo van ser senyors d'aquesta terra" —vaig recitar.

—Està bé. Mireu amb atenció a veure si trobeu cap pista.

Ens miràrem tots amb cara d'estranyats i...

—Blanca, per què no preguntem a aquest grup d'ecologistes? —se li va ocórrer a Puig.

—Per favor —s'adreçà ella a un xicot ros que estava enjogassat amb el nostre amic Ulisses—, ens pots dir el nom d'aquest estany?

—L'anomenen l'estany de Puçol. És, junt amb l'estany d'Almenara, l'única zona humida que ens queda al nord de la ciutat de València.

STOP
ALIMENTS
TRANSGÈNICS

—Em pareix que ens hem quedat igual —ens va dir en veu baixa Blanca. I de seguida, assenyalant les marjals del costat, afegí: —I això?

—El pas de les egües...

—Tampoc, tampoc —semblava impacientar-se Blanca.

—I més cap allà, la marjal del Moro i el grau vell o l'antic port romà.

—Ja està! —exclamà Martí—. Els primers senyors d'aquesta terra foren els romans i després els moros.

—No m'agrada aquesta paraula —va dir molt enfadat Jamal.

—A mi tampoc —afegí Blanca—, però has de comprendre, Jamal, que les paraules sovint no són ofensives, ho són segons com es diuen.

—Veus, Blanca, com teníem raó? El rei Jaume I volia que recuperàrem les lletres del llibre.

—No sé, no sé —va dir ella no massa convençuda.

—Au, anem a buscar el següent enigma! —vaig exclamar jo plena d'ànims.

—No, no, hui ja n'hem tingut prou. A més, encara hem d'arribar a l'estació per agafar el tren.

—Però, podrem continuar un altre dia? —vaig preguntar.

—Ja veurem, ja veurem —contestà Blanca.

El camí cap a l'estació no se'ns va fer gens pesat; les bicicletes, assistides per la bicicleta màgica del meu avi, van fer menys cansat el camí.

En la nova estació de Puçol vam agafar un tren de rodalies. De nou tornàrem a passar pel Puig, deixant a la part de dalt de l'estació l'ermita de Sant Jordi. Després, deixàrem enrera Massalfassar. Quan paràrem uns minuts en la seua estació, Blanca aprofità per informar-nos de l'existència de dos antics caserius ara despoblats, Rafalell i Vistabella, que pertanyen al terme municipal de la ciutat de València.

—..., però no són els únics de l'Horta Nord, pobles més grans com ara Cases de Bàrcena, Mauella, Teuladella, Massarrojos, Borbotó, Benifaraig, Carpesa o Poble Nou també hi pertanyen. Fins i tot, al terme de l'antic poble de Russafa hi va haver un llogaret que es deia Benimassot.

—Vols dir que aquests poblets no són de l'Horta Nord, encara que estiguen envoltats d'altres que sí que ho són? —preguntà Martí.

—Sí, però no. Administrativament depenen de la ciutat, però a nivell socioeconòmic tenen la seua pròpia personalitat com un poble més de la comarca. Ara, n'hi ha d´altres com ara Campanar, Beniferri, Benimàmet o Benicalap que han estan absorbits pel creixement urbanístic de la ciutat i s'han vist convertits en una barriada més d'aquesta.

—Vaja!, és tot un poc complicat.

—No vos heu adonat que l'origen de molts dels noms dels pobles que he citat és àrab?

—Sí, ja me n'havia adonat —va dir Jamal—. Aquesta és una de les coses que em fa sentir que, al cap i a la fi, la meua família i jo no estem en una terra tan estranya.

Passàrem per Albuixec, i tot seguit pels barris de llogarets de Meliana i Foios: Roca i Cuiper, per endinsar-nos posteriorment pel llarg túnel que du a l'estació del Cabanyal-València.

En arribar a l'Estació del Nord encara era de dia. D'allí férem tots cap a El Xiquet Ploró, d'on havíem eixit a bona hora del matí camí de l'estació del metro. Havíem passat per tantes aventures i havíem aprés tant que semblava que en compte de passar un dia havien passat setmanes.

A la nit no em podia adormir pensant en els altres enigmes, tota preocupada per no poder continuar la nostra aventura.

—Que no pots dormir? —em va preguntar la meua germana Teresa.

—No! T'imagines, Teresa, al rei Jaume I?

—Ja estàs pensant en el Nou d'Octubre? Encara falten quinze dies.

—No, estava pensant en la *mocadorà*.

El pare tots els anys per sant Dionís tenia el costum de portar-li una *mocadorà* a la mare, ella es quedava el mocador i jo me menjava els pastissets. Teresa, encara que la boca se li feia aigua, des que es féu major deia que no en volia. Sí que són complicats, els adults!

—És que vos han demanat un treball a l'escola?

—Sí, la professora d'Història —vaig dir dissimulant.

—No et preocupes per res, Berta, a la biblioteca ho trobaràs tot.

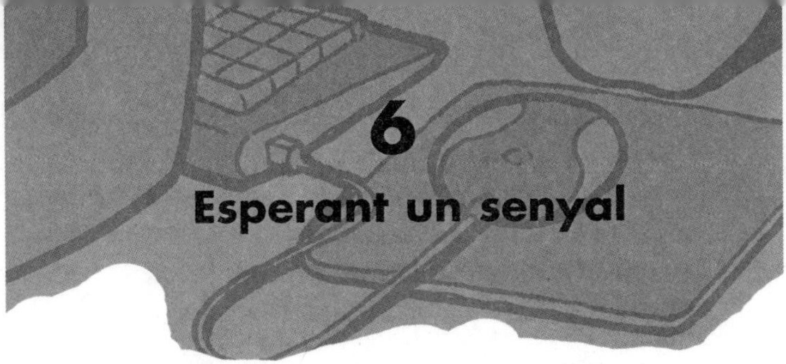

6
Esperant un senyal

Des que m'havia alçat de bon matí per anar a escola, no tenia en el cap altra idea que anar a parlar amb Blanca.

Les classes se'm van fer llarguíssimes. Les manilles del meu rellotge semblaven no avançar. Sabia que Blanca no s'havia quedat massa convençuda, a pesar que havíem solucionat amb una certa facilitat el primer enigma dels cinc que ens va proposar el rei.

No sé què s'esperava. Torne a dir-ho: els adults de vegades són tan complicats! Durant més de mitja nit i tot el que duia de dia havia estat assajant un discurs per tal de convéncer-la. Sense ella seria difícil que els nostres pares ens deixaren agafar les bicis per fer una excursió fora del barri.

Arribada l'hora de l'esplai vaig decidir quedar-me a classe, no tenia ganes de res. Puig, com que no em veia pel pati, em va venir a buscar i em va dir contrariada:

—Berta, tu hui estàs una miqueta rara.

—Jo? Per què ho dius?

—T'has passat tota la classe de *mates* i part de la d'Anglés com si estigueres dormint, i a més no ens has dirigit la paraula en tot el matí, i ara a l'hora de l'esplai, damunt, et quedes tancada a classe sense ni tan sols tastar l'entrepà. Que estàs malalta?

—No és això, és que estic una mica preocupada.

—Preocupada? Per què?

—Doncs, perquè crec que no continuarem amb l'aventura que vam iniciar ahir al Puig.

—Per això? Encara em pensava jo que...

—És que Martí i jo li ho vam prometre...

—A qui li ho vau prometre?

—Al rei.

—Mira, Berta, tu saps que jo sóc la teua amiga, la teua millor amiga, però a mi em pareix que tu i Martí esteu exagerant. Si la vostra intenció és que juguem als enigmes i que, a més, fem alguna excursió jo m'hi apunte. Però això del rei em pareix excessiu, què vols que et diga.

—No m'ho puc creure, la meua millor amiga no confia en mi —li vaig dir una mica enutjada.

—No és això, Berta, però comprén que resulta una mica difícil de creure-s'ho.

—Està bé, Puig, pot ser que tingues raó —li vaig dir cedint un poc de la meua part. Per a tot seguit preguntar-li:— M'ajudaràs a convéncer Blanca perquè continuem desxifrant els enigmes?

—Ja t'he dit que si és per eixir d'excursió que comptes amb mi.

La vaig mirar als ulls. Hauria volgut que no dubtara de la meua història, per més fantàstica que semblara, però amb el seu suport en tenia prou i la vaig abraçar.

A la vesprada, després de les classes, vam quedar en la meua botiga, El Xiquet Ploró, on ma mare abans de deixar-nos eixir i, a pesar de les nostres excuses i protestes, ens obligà a berenar.

—On aneu tan de pressa vosaltres dues?

—Nosaltres? A la biblioteca, mare.

—És que han de fer un treball sobre el rei Jaume I per al Nou d'Octubre —li contestà la meua germana Teresa, que en aquells moments passava amb una tovallola enrotllada al cap. Per una vegada, em vaig alegrar que es posara en les meues coses.

—Molt bé, però abans heu de berenar. A la vostra edat una bona alimentació és molt important.

La mare, no donant-se per satisfeta posant-nos a les dues el berenar, també li va preparar un platet de llet amb sopes a Ulisses, cosa que no li va fer ni mica de gràcia a Gilda, la meua gata, a la qual li havia costat Déu i ajuda consentir de tant en tant la presència del gos a casa perquè ara, damunt, s'hi quedara a menjar. Després d'uns quants grunyits per les dues parts, van arribar tots dos a l'acord de compartir el contingut del plat.

En arribar a la biblioteca, la sala encara estava buida. Sort, perquè a Blanca no li agradava que hi duguérem Ulisses quan la biblioteca era plena de gent. Saludàrem Blanca, que es trobava davant de la pantalla de l'ordinador aparentment molt ocupada.

—Hola, Blanca!

—Hola, xiques! Què feu?

—Veníem a parlar amb tu. Tens un momentet?

—Podeu esperar-vos una estoneta? És que estic mantenint una conversa a través d'Internet amb el nostre amic el prior.

—Amb el prior? Vols dir que al monestir a més de llibres antics i màquines velles també tenen ordinadors?

—Clar que sí!, per què no n'haurien de tenir? A més, segons el que m'està contant ara mateix el prior, estan informatitzant tot l'arxiu i la biblioteca.

—Caram, mai no se m'haguera ocorregut que en un lloc tan antic estigueren tan avançats.

—Espereu un moment, que acabe la connexió i després en parlem —va tallar impacient.

Mentre Blanca prosseguia la seua comunicació, nosaltres ens acostàrem fins al revister i fullejàrem la premsa del dia.

—Mira —em va dir sorpresa Puig, assenyalant-me un article d'un diari.

—Un estrany virus consumeix la tinta del més valuós manuscrit de la biblioteca del Reial Monestir del Puig. Segons tècnics de la Universitat Politècnica de València... —vaig llegir en veu baixa—. Veus el que està passant? I nosaltres que hi podríem fer alguna cosa ens hem quedat creuats de braços!

Vaig agafar el periòdic i, tota decidida, em vaig dirigir a la taula de Blanca.

—Mira, Blanca, jo sé que tu no ens creus, però pense que és molt important...

—Què és tan important? —em van tallar Jamal i Martí, que en entrar a la biblioteca van poder sentir les meues paraules.

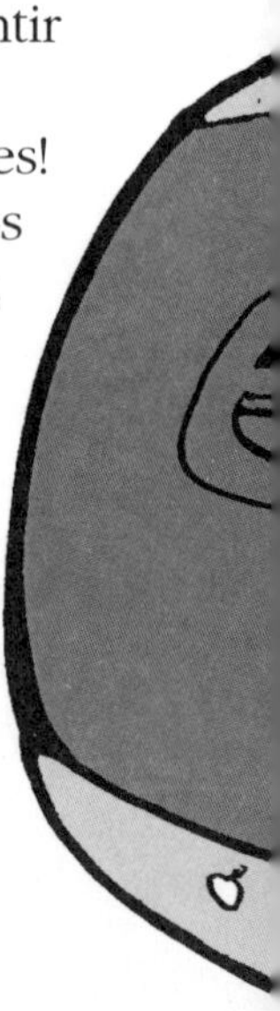

—Que continuem amb la resolució dels enigmes! —vaig contestar. I adreçant-me a Blanca:— Ja saps que sense tu ens resultarà molt difícil que els pares ens deixen eixir del barri amb les bicis.

—Encara que crec que tot això de l'entrevista amb el rei Jaume I és pura fantasia, opine, a l'igual que Berta, que d'intentar-ho tampoc no perdem res —va dir posant-se de la meua part Puig.

—Què dius, Blanca? —s'afegí al grup Jamal.

—Què voleu que diga? Doncs això mateix, que anirem d'excursió.

—Béeé!

SILENCI

—Xisst!, recordeu que vos trobeu en una biblioteca. El prior m'acaba d'informar per Internet que aquest matí, mentre consultava unes dades en el llibre manuscrit que vam veure ahir, ha trobat que algunes pàgines han recuperat les paraules originals. Poques, això sí.

—Deu ser un senyal —vaig dir.

—No ho sé, Berta, però no perdem res intentant-ho, és cert. El pròxim diumenge continuarem l'aventura.

7
El poble del poeta

Durant tota la setmana vam estar a la biblioteca recopilant el màxim d'informació sobre els llocs que anàvem a visitar. I també vam dibuixar un mapa amb l'itinerari que hauríem de seguir. A pesar que consultàrem un bon grapat de llibres i algun disc compacte, teníem la impressió que alguna cosa se'ns escapava de les mans. Els enigmes, de tan senzills com eren resultaven difícils d'entendre. Així i tot, teníem la confiança que sobre el terreny tot resultaria molt més fàcil i que podríem resoldre d'una manera satisfactòria els quatre enigmes que ens restaven.

El diumenge a les huit del matí ens aplegàrem, una vegada més, a la porta d'El Xiquet Ploró. Ma mare no va poder resistir la temptació, i va eixir a donar-nos uns quants consells.

—Aneu amb compte amb els cotxes. I mireu on es poseu. Feu-li cas a Blanca en tot el que vos diga.

—Mare, per favor! —li vaig dir tota avergonyida.

—No es preocupe, Rosa, quan vénen amb mi es porten molt bé —digué Blanca.

Els diumenges, la ciutat sol restar quasi deserta, el trànsit és mínim fins que la gent a poqueta nit comença a tornar-hi d'un cap de setmana al camp o a la serra. Així, aprofitant que per les grans avingudes a penes circulaven vehicles, vam poder gaudir d'un passeig tranquil en bicicleta per la ciutat. Anàvem tan a gust que fins i tot Annacleta, la meua bicicleta màgica, no podia reprimir la seua alegria encenent i apagant la llum del seu far.

—Tant de bo sempre es poguera anar així per la ciutat! —va exclamar Martí des de la seua *mountain bike* nova.

—Sí, i de segur que la ciutat estaria menys contaminada amb tant de fum com amollen els cotxes —afegí Blanca.

Ulisses, que anava dins la seua motxilleta que portava Blanca per evitar que poguera ser atropellat per algun dels pocs cotxes que circulaven, lladrava contagiat de la nostra alegria.

Preocupada perquè Annacleta no em fera una de les seues, li vaig dir:

—Està bé, Annacleta, controla't una miqueta i no et poses a fer cabrioles —Annacleta havia pertangut a un circ i quan estava contenta li agradava recordar els seus temps de saltimbanqui.

Creuàrem el riu Túria pel pont de les Glòries i, a l'altura de Campanar, agafàrem Trànsits buscant l'avinguda de Burjassot; passàrem Benicalap i durant un tros seguírem la línia del nou tramvia. A colp de pedal vam arribar a Burjassot.

—Sabeu que el Puig no és l'únic poble de la comarca que està damunt d'un turó? —ens informà Blanca, com no—. Burjassot i molts dels pobles que l'envolten, com ara Benimàmet, Paterna, Godella o Rocafort també ho estan.

—I això per què? —va preguntar Jamal.

—Són pobles al límit oest de la gran plana que és

l'Horta i s'assenten sobre els últims contraforts de la serra de la Calderona al llindar mateix de la comarca del Camp de Túria.

—Blanca, és veritat que en alguns d'aquests pobles la gent vivia en coves? —preguntà Puig tan curiosa com sempre.

—Tota la gent no, Puig, alguns només. Altres vivien en cases i barraques. A Paterna o al barri de la Magdalena de Massamagrell, per exemple, encara se'n conserven, de coves.

Davant de l'església de Sant Miquel paràrem, al costat hi havia un palau, baixàrem de les bicicletes i en el replà del temple es vam posar a esmorzar.

—A veure —tornà a preguntar Blanca— si algú em pot dir per quina raó ha sigut conegut el poble de Burjassot durant molts anys?

—Fàcil, perquè a Burjassot estan ubicades les instal·lacions de la Televisió Valenciana —va dir Martí, sense quasi ni deixar-li acabar la pregunta.

—Ai, Martí! De vegades ets més curt! —li vaig dir—. És com si digueres que Paterna ha sigut coneguda durant segles perquè allí, en les seues instal·lacions esportives, entrenen els jugadors del València Club de Futbol i no per la seua ceràmica o la seua torre musulmana.

—Digues-ho tu, sabuda! —va dir Martí ensenyantme la llengua.

—Pel seu palau.

—Tu tampoc no ho has encertat, Berta —em corregí Blanca.

—Doncs per què? —vam preguntar tots a una.

—Veig que ja vos heu oblidat de tota la informació recollida durant aquesta setmana. Doncs per les sitges.

—Ah sí! —vam dir tots a la vegada.

—Però Burjassot també és conegut per ser el poble d'un gran poeta, Vicent Andrés Estellés.

—La meua germana Teresa, que estudia a la Universitat, diu que l'Estellés és un poeta molt *guai*.

—Sí que ho és. Sabeu que seguint els seus versos no sols hauríem pogut fer un recorregut per Burjassot o l'Horta Nord sinó a través de tota la geografia valenciana?

—Caram! —tornàrem a dir tots a una.

—Un dia ho haurem de fer, Blanca —vaig proposar, i a la meua proposta s'afegiren de seguida tota la resta.

—No vos dic que no, deu ser molt bonic llegir els seus versos i veure els llocs de què ens parlen.

Ens alçàrem i, a colp de pedal, passejàrem pels llargs i estrets carrers de Burjassot, buscant l'ermita de Sant Roc i les sitges. Ulisses ens seguia a peu. Vam passar pel carrer del Sol, el carrer on va nàixer l'Estellés, i on el seu avi tenia un forn.

Arribàrem a l'ermita de Sant Roc i Blanca no veia la solució al nostre enigma. Solament recordava els versos del poeta. De l'ermita passàrem a les sitges, que estaven a la vora mateix.

Allí vam tornar a llegir l'enigma:

—"A Burjassot caldrà que deixeu de donar voltes i aneu directament al gra..."

—Està clar! —exclamà Jamal—. Les sitges de Burjassot són el lloc on es guardava el gra de la ciutat de València!

—Sí, tens raó —li vaig dir.

—No sé, no sé, però pense que amaga una segona intenció. Continua llegint.

—"... el gra està cobert i l'encobert finà ací, i amb ell l'esperança de la revolta."

—No acabe d'entendre el final de la frase...

—El rei Jaume I va morir fa més de set-cents anys i pot ser que algunes paraules hagen variat de significat.

—Ja ho tinc! —tornà a dir Jamal—. I si aquesta paraula fóra un nom?: l'Encobert.

—I tant! És l'Encobert. Com no ho hem vist abans! Estava clar seguint la línia del primer enigma: es tracta d'una senzilla solució històrica, la revolta és la Guerra de les Germanies.

—L'enigma tenia raó, estàvem distrets donant voltes per Burjassot sense anar directament al gra.

—Tenint en compte que tu sempre estàs en la lluna, Berta, em sorprens amb aquest raonament.

—Mira qui parla també —exclamaren a una la resta de la colla.

I ens riguérem tots plegats, mentre Ulisses, que havia estat lladrant a l'altra banda del recinte sense saber per què, ens mirava sense entendre res.

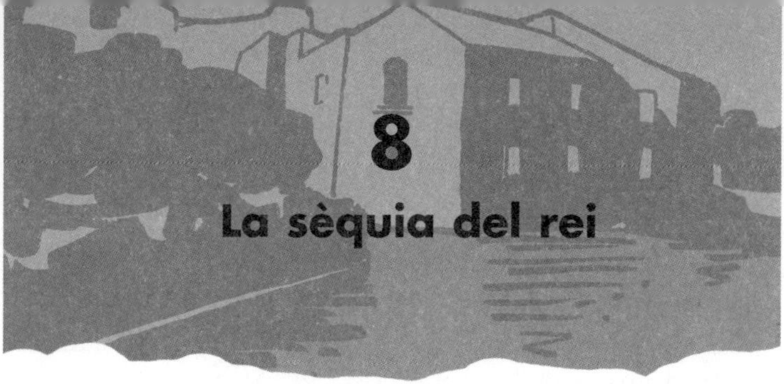

8

La sèquia del rei

Resolt el segon enigma, poca cosa ens retenia ja a Burjassot. Vam deixar perdre uns minuts més mirant les sitges i, de nou dalt de les bicis, ens dirigírem cap a Godella. Godella i Burjassot, i quasi que també Rocafort de Campolivar, formen un únic nucli urbà. En aquests pobles, a primeries del segle XX, la gent de la ciutat es va fer les seues primeres vil·les.

De Godella vam passar a Rocafort de Campolivar, aturant-nos a penes uns instants per veure l'església de Sant Sebastià.

Després entràrem de nou a València, vull dir en un d'aquells pobles que pertanyen a la ciutat: Massarrojos, i d'ací a Montcada, on ens esperava el tercer enigma.

Com que no coneixíem la ciutat ens hi vam perdre. Per això, decidírem aturar-nos i preguntar per un punt de referència a la primera persona que vam veure:

—Per favor, l'església de Montcada? —preguntà Blanca a una dona major.

I la resposta ens va deixar glaçats:

—Al poble del costat.

—Però no estem a Montcada?

—No, senyoreta, açò és Alfara del Patriarca. I la nostra església, per si vol saber-ho, està al carrer de dalt, tot just davant del palau.

Després, Blanca ens va explicar que aquest palau, a l'igual que el que hi havia a Puçol i també la reconstrucció i millora del que havíem visitat feia poc més d'una hora a Burjassot, havia estat alçat gràcies a la intervenció d'una mateixa persona: l'arquebisbe Joan de Ribera.

Per uns moments, vaig pensar que darrera d'algun dels enigmes que ens quedaven per descobrir potser estava aquest personatge, però pel que es veia no pareixia gaudir de la predilecció del rei Jaume I.

Creuàrem un carrer i de nou tornàrem a estar a Montcada. A l'eixida de la ciutat, just on comença la carretera en direcció a Benifaraig, vam veure la sèquia de Montcada. Blanca ens féu aturar-nos-hi tot dient:

—Se suposa que ací hem de trobar la resposta al tercer enigma. Llig-lo, Berta, per favor.

—"L'aigua és la vida de l'Horta, ella suposa una gran riquesa, regula i alimenta l'esplendor dels camps, però qui regula la meua sèquia?"

Abans que poguérem dir alguna cosa, Ulisses es va posar a lladrar una mica nerviós. Com que no vam veure ningú, vam intentar calmar-lo, però ell persistia en els seus lladrucs. Poc després, d'entre els tarongers va eixir un llaurador amb una aixada en la mà. En veure'l, Ulisses s'hi acostà a poc a poc i l'home el va acariciar, i de sobte el gos es tranquil·litzà.

—Xiquets, aneu amb compte de no caure en la sèquia.

—No es preocupe. Estem fent un recorregut per la comarca i, una vegada a Montcada, hem volgut conéixer la sèquia que porta el seu nom i que rega tots els pobles de l'Horta Nord.

—Jo vos puc contar moltes coses sobre ella. Però he de corregir-te, doncs, comparteix el rec de la comarca amb les de Tormos, Mestalla i Rascanya, que reguen els camps de la ciutat de València i d'Alboraia.

—I com és això que en sap tant?

—Perquè sóc el Sequier.

—El Sequier?

—El sistema de recs de les sèquies majors valencianes està regulat d'una manera o d´altra des de fa més de mil anys —començà a contar-nos—. La sèquia de Montcada té un Sequier i una Junta de Dotze Síndics.

—Blanca, ja ho tinc! —exclamà Martí—. És el Sequier qui regula la sèquia!

—No ben bé —va dir Blanca.

—Doncs qui? —preguntà Jamal.

—El Tribunal de les Aigües de València —respongué.

—Aquesta és la resposta, n'estic segura —va exclamar Puig.

—Una institució que té més de mil anys. Diuen que ve dels temps dels moros —continuà l'home.

—Una altra vegada la parauleta... —va dir en veu baixa una mica molest Jamal.

—Com? —preguntà l'home, encara acariciant Ulisses.

—No res, disculpe, coses meues.

—Jamal, els valencians des de fa segles tenim el costum d'atribuir tot allò que és molt antic als moros, encara que tinga un origen realment diferent. No ens ho tingues en compte.

Mentrestant, jo, que no acabava d'entendre un xicotet detall de l'enigma, vaig preguntar a Blanca:

—Per què diu l'enigma que és seua la sèquia?

I Jamal, sense esperar que Blanca contestarà, preguntà:

—Tu i Martí no heu dit que els enigmes vos els va donar el rei?

—Sí, però vosaltres no vos ho acabeu de creure —li vaig recriminar.

—Doncs està claríssim, el nom de la sèquia és el de Reial Sèquia de Montcada, la qual cosa vol dir que pertany al rei.

—Efectivament, de les nou sèquies majors de l'Horta totes menys una les va donar el rei als propietaris rurals, i es va reservar per a ell la de Montcada. I encara que anys més tard la va donar, aquesta mantingué una organització independent —ens féu saber el Sequier.

—I per tant no forma part del Tribunal de les Aigües —vaig acabar de dir jo—. I qui la regula no és altre més que el Sequier.

—Molt bé, xiqueta!

El Sequier es va excusar i desaparegué entre el fullam dels arbres. Ulisses va pegar-li al darrera i Puig, en veure que el seu gos no li feia cas, va anar a buscar-lo.

—Molt ben deduït, Berta. Aquesta aventura vos convertirà en uns bons detectius.

—O en uns grans historiadors —va dir Martí.

—Com Indiana Jones? —vaig preguntar.

—No, aquest personatge era arqueòleg, Berta —em va corregir Blanca.

Encara no havia acabat la nostra conversa que Puig va eixir amb Ulisses del camp de tarongers. El gos estava de dalt a baix ple de fang i ella duia també les sabates i els pantalons ben tacats.

—Però Puig, on vos heu posat?

—És que el Sequier està regant el camp. I abans que poguera adonar-me'n, he posat els peus on no havia de fer-ho.

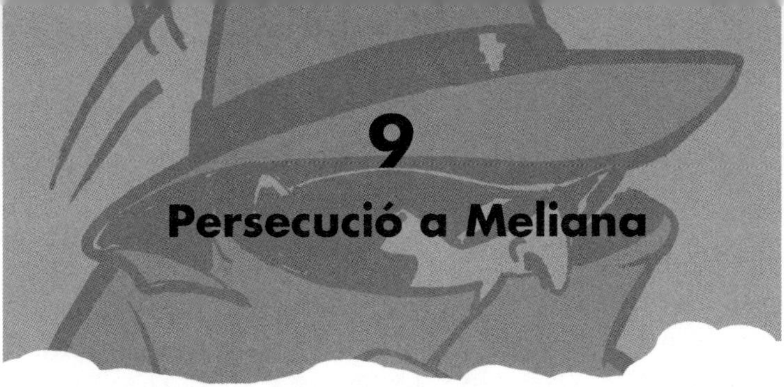

9
Persecució a Meliana

A pesar que teníem una mica de pressa, ens aturàrem a l'eixida d'Alfara del Patriarca, just a l'altra banda del barranc del Carraixet. No podíem dur per tota la comarca tan brut Ulisses, i en una sèquia on passava una aigua neta i clara el vam rentar.

Després, iniciàrem novament el camí de Vinalesa i Meliana, ja que en aquest darrer poble teníem previst arribar abans del dinar. Deixant a un costat Bonrepòs i Mirambell travessàrem Vinalesa, i per un camí ple de corbes que desembocava en la carretera de València-Barcelona, que és una mena de llarga avinguda que com una espina dorsal travessa bona part de l'Horta Nord, vam arribar a Meliana.

—On anem, Blanca? —va preguntar Jamal.

—No sé, hem de buscar un palau.

A colp de pedal vam recórrer tota la ciutat, passàrem per l'Ajuntament, per l'església..., però no vam poder trobar-lo per cap lloc.

Deixàrem les bicicletes recolzades en un fanal i ens vam asseure en un banc de la plaça del poble.

—Pot ser que a aquest palau li haja passat com al de Puçol, que el van enderrocar fa unes dècades —va dir Puig fent memòria de les dades que havíem recollit durant tota la setmana a la biblioteca.

—No, impossible.

—També pot ser que ens hàgem enganyat i que estiguem buscant-lo en un poble que no toca —digué Martí—. En passar pel carrer Major de Vinalesa n'he vist un, de palau, i a Albalat dels Sorells sé que n'hi ha un altre que dóna nom a un cava.

—No, el palau encara hi és.

La veritat és que tan a prop com ens trobàvem del final i ens havíem quedat bloquejats! El més fàcil per eixir del pas hauria estat parar algun vianant i preguntar-li-ho directament, però prop de les dues de la vesprada com eren no es veia ningú pel carrer i el millor que podíem fer era posar-nos a dinar també nosaltres.

En acabar amb els nostres entrepans, Puig i jo vam decidir donar un passeig pel poble. Aprofitant que estàvem soles, vaig tenir la necessitat de sincerar-me amb ella:

—Puig, tinc la sensació que des que hem eixit de casa algú ens espia.

—Ai Berta, no sé com ets! Primer amb l'entrevista que dius que vau tenir amb el rei Jaume I, i ara que si un espia ens vigila. No hauries de llegir tantes novel·les de misteri.

—Deixa't estar de novel·les ara! Algú ens segueix —vaig protestar amb rotunditat.

—Però per què ho hauria de fer?

—No ho sé. Potser algú que té interés que no descobrim tots els enigmes, jo què sé.

Giràrem una cantonada, el carrer estava totalment desert, d'alguna casa eixia la remor d'una conversa, d'altres la música de capçalera d'un programa televisiu.

Darrera nostre vam sentir uns passos, ens giràrem però no hi vam veure ningú.

—Berta, tu i les teues cabòries esteu aconseguint posar-me nerviosa.

—Puig, tu saps que aquesta no és la meua intenció.

Tornàrem a sentir passos i, en girar-nos i veure que de nou no hi havia ningú, arrancàrem a córrer per veure què passava, no teníem ganes de passar-nos tota la vesprada jugant al gat i la rata.

Realment ens seguia algú, i com que cada vegada estàvem més espantades i atabalades, en compte de córrer cap a on eren Blanca, Jamal i Martí ho vam fer en sentit contrari.

Tot s'estava complicant massa, calia que hi férem alguna cosa, i prompte si no volíem caure en les seues mans. En tombar un cantó, vaig agafar pel braç Puig i ens amagàrem darrera d'una porta que era oberta. I..., funcionà, el personatge que ens seguia, un home gras que a pesar de la calor que feia en aquests dies de finals de setembre duia barret, gavardina i ulleres fosques, hi passà corrent.

Respiràrem alleugerides. Però en girar-nos ens vam adonar que, des de la taula del menjador, tota una família ens mirava amb cara de no entendre res. Els miràrem, ens miraren i, com que els havíem sorprés dinant, no se'ns va ocórrer cap altra cosa que desitjar-los un bon profit.

—Gràcies! —contestaren tots a una.

"La bona educació sempre per davant", em diu sovint el iaio Víctor. "Amb ella arribaràs a qualsevol lloc". I de raó no li'n faltava mai al iaio. Aprofitant que ja érem dins de la casa, els vam preguntar pel palau.

—El palau? Ah, sí, és al barri de Nolla.

En arribar de nou a la plaça li vaig contar a Blanca la nostra xicoteta aventura i les deduccions que havia tret durant el camí.

—Un espia! Berta, tu tens molta imaginació. No et puc deixar sola amb ningú, quan tornes sempre ha passat alguna cosa extraordinària.

—És que Berta llig moltes novel·les de misteri —va afegir Martí en to burleta.

—Almenys jo llig alguna cosa més que manuals d'informàtica, i no com altres que em conec.

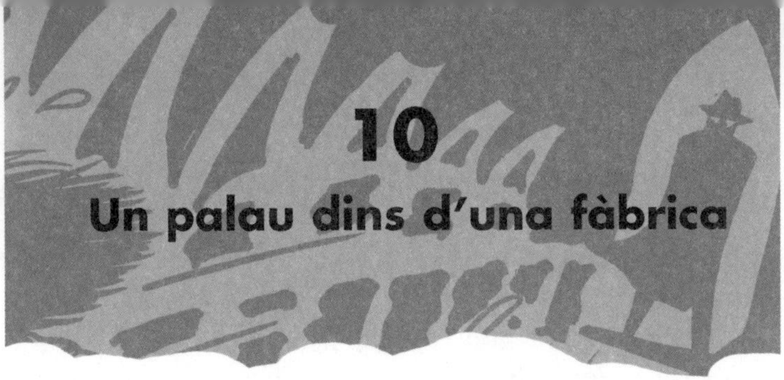

10
Un palau dins d'una fàbrica

A colp de pedal, seguits per un Ulisses que ho ensumava tot: cantons, rodes de cotxe, còdols..., vam arribar fins al barri de Nolla, una xicoteta colònia al voltant d'una antiga fàbrica de mosaics. La fàbrica fou construïda en el segle passat per un industrial, que dins del recinte es féu alçar una casa palau en un estil que era un resum de les influències del moment.

Blanca estava segura que la solució a l'enigma la trobaríem allí mateix. Jo no ho estava tant.

A la porta del recinte de la fàbrica vam buscar un guarda, alguna persona responsable que ens deixara entrar a visitar-lo, però sense cap resultat positiu.

—Què fem ara? —preguntà Puig.

—Hem d'esperar que vinga algú.

—Esperar? Poden tardar hores —vaig dir impacient.

—Mireu! —cridà Jamal, que amb Ulisses, s'havia allunyat una mica del grup—. Per aquesta escletxa podríem entrar tots.

—Espereu, espereu. No correu tant, les coses no són tan senzilles com semblen. No sé si fem bé, podem tenir problemes.

—Blanca, serà només entrar i eixir. A més, es veu de lluny que no hi ha ningú. Quan tornaran ni s'adonaran que hem estat dins —vaig dir intentant convéncer-la.

—Val, però a la més mínima sospita de problemes haurem d´eixir disparats.

Entràrem dins del recinte i, amb molt de silenci i precaució, ens dirigírem a la casa palau. Per sort, la porta estava entreoberta. L'edifici restava buit i silenciós. La llum que hi entrava per les finestres ens il·luminava el camí.

—Què busquem exactament, Blanca? Un mosaic, una biblioteca?

—Tinc la impressió que, pel lloc on estem, un mosaic.

—Per què no ens dividim en grups? —vaig proposar. Puig i jo podríem pujar dalt de tot. Jamal i Martí que intenten recórrer l'ala oest, i tu, Blanca, l'ala est.

—Perfecte, Berta. Quan acabareu ens trobarem ací mateix.

Pujàrem les escales fins arribar a la planta més alta de l'edifici. No trobàrem enlloc cap mosaic ni res que ho semblara. Guaitàrem per una finestra; des d'allí, a l'igual que des de la muntanya de la *Patà*, veiérem tota l'extensió de l'Horta. Però, de sobte, reflectit en el cristall de la finestra, vam poder veure clarament l'ombra d'una estranya figura que ens guaitava per darrera.

Sense ni tan sols donar temps a una mirada vam arrancar a córrer, però cadascuna cap a una banda diferent. No sé com, però em vaig posar dins d'una cambra on, entre un munt de coses inútils, hi havia un llit vell i desbaratat, damunt del qual es veien un bon grapat d'andròmines. Se sentiren petjades i jo no

sabia què fer, m'agafarien, de segur, i la cambra no tenia cap més eixida.

"El llit", vaig dir-me.

Em vaig posar sota el llit en un tres i no res, i amb un drap vell i ple de pols em vaig cobrir quasi tot el cos. Igual com ho havia fet jo, pot ser que la persona que em perseguia pensara també en el llit i mirara què hi havia davall, per la qual cosa no estava de sobra prendre algunes precaucions.

Es va obrir la porta i algú entrà a l'habitació. Lentament s'acostà al llit. Des d'on era li podia veure les sabates, que eren negres. S'agenollà i..., em vaig tapar la cara amb el drap, i a pesar de la rapidesa amb la qual vaig actuar encara vaig poder veure els baixos d'una gavardina.

"Mare meua!".

Quan comprovà que no hi havia ningú se'n va anar.

Vaig eixir de davall del llit i en el replà de l'escala em vaig trobar amb Puig. Ens abraçàrem, encara tremolàvem les dues per l'esglai que ens acabaven de donar. A poc a poc baixàrem els esglaons, segures que el perill ja havia passat.

No havíem arribat ni a la segona planta, però, quan vam veure que el de la gavardina tornava a anar darrera dels nostres passos.

En aquesta ocasió ens agafàrem de les mans i de dos en dos i de tres en tres baixàrem els esglaons fins a l'entrada del palau, on estaven ja la resta de la colla. Jo no sé si era degut als nostres crits o a l'expressió de les nostres cares, però el cas és que en veure'ns es van posar també a córrer dirigint-se cap al lloc per on havíem entrat tots. Puig i jo, en veure

la seua reacció, encara ens vam espantar molt més. No sé, per uns moments vaig pensar fins i tot que dúiem darrera aquell bou que havíem vist a Puçol...

Ja en el camí, pujàrem en un bot dalt de les bicicletes, i era tan gran el meu espant que fins i tot li vaig encomanar a Annacleta que correguera més que mai en direcció a la plaça de l'Ajuntament.

A la plaça, ja més tranquils, ens vam riure de tot, encara que ningú no havia trobat cap pista.

—Potser —va dir Martí— no era aquell el lloc idoni per descobrir la solució del quart enigma.

—És culpa meua. No sé per què havia pensat en un palau. Tot allò que diu l'enigma sobre la victòria m'ho havia fet creure. Perdoneu.

—Hauríem de parlar amb algú del poble —va proposar molt assenyadament Jamal.

—Nosaltres coneixem una família que…

—Una família de Meliana vosaltres dues? —dubtà burleta Martí.

—Sí, nosaltres dues.

—Caram, hui no em deixeu de sorprendre.

11
A la recerca de la victòria

Va donar la doble casualitat que el fill major de la família, Francesc, a més de llicenciat en Història també era membre del Consell Parroquial. M'explicaré: li vam llegir l'enigma i de seguida ens va respondre que devia tractar-se de l'ermita de la Misericòrdia.

—Però també ens parla d'una victòria —indicà Blanca.

—Sí, ho he tingut en compte. L'ermita, abans del segle XVI, portava el nom de Creu de la Victòria. Si vos interessa, a l'ermita hi ha uns mosaics que expliquen l'origen del primer nom.

—Però no ens havies dit que estava tancada? —va dir contrariat Martí.

—I sí que ho està, però havia oblidat dir-vos que com a membre destacat del Consell Parroquial tinc una clau —va aclarir Francesc.

Creuàrem tota la vila a peu fins arribar a la carretera de València-Barcelona, a l'altre marge de la qual s'iniciava el terme municipal de Foios. L'ermita estava tota envoltada d'edificis: un fragment del passat entre un present sense consideracions.

Hi entràrem i Francesc va connectar els llums. Aleshores, d´entre la foscor va aparéixer en una de les parets laterals la representació d'una batalla.

—Es tracta de la batalla del Carraixet. Una de les fites importants de la conquesta de la ciutat de València i posterior formació del nou regne.

Martí i jo ens vam quedar mirant la figura del rei, buscant les diferències i les semblances entre la figura del rei allí pintada i la persona amb la qual ens vam entrevistar a la muntanya de la *Patà*. Si he de dir la veritat, el meu rei era molt més maco.

Però de sobte es van apagar les llums, al mateix temps que es tancava la porta del carrer. L'interior de l'ermita es va quedar totalment a les fosques. Mare meua, quin rebombori que s'hi va armar! Ulisses lladrava com un desesperat. Tots cridàvem alhora buscant els altres, i Blanca ho feia perquè no ens escampàrem. Francesc també cridava, però per demanar només una mica de serenitat.

Aquest, va traure un encenedor i, agafant d'un racó un vell cresol d'oli, il·luminà de nou l'estança.

—Què ha passat? —preguntà Blanca una mica més calmada.

—Possiblement se n'ha anat la llum, i després un colp d'aire deu haver tancat la porta —deduí el xicot.

—No. Estic segura que ha estat aquell home gros de la gavardina —vaig replicar-li jo, molt segura de mi mateixa.

—Berta, ja estàs una altra volta amb aquest romanç? Tens el cap ple de pardalets. A qui se li pot ocórrer anar amb gavardina amb la calor que està fent aquests dies? Al final em faràs donar-li la raó al Martí sobre això que lliges massa llibres de misteri.

—Uix! —va interrompre Francesc—. Ara que ho dius, aquesta vesprada m'ha paregut veure un home amb gavardina i barret passejant pel poble, m'ha

estranyat, però com que sobre gustos i dèries no hi ha res escrit...

—Ho veus, Blanca? —vaig dir contenta de tenir un nou aliat.

—Està bé. Deixa-ho córrer i anem al gra.

—Una altra volta a les sitges de Burjassot? —preguntà Martí, que s'havia distret un moment de la conversa.

—No sigues bajoca. Volia dir a l'enigma.

—"A la misericòrdia trobareu la creu de la victòria d'un rei, quin rei?, ho sabeu?" —vaig llegir en veu alta.

—La misericòrdia, ja ho hem vist, és l'ermita, la victòria es refereix a la de la batalla del Carraixet, i la creu..., no ho sé —enumerà Blanca.

—Sí, ací hi havia una creu en commemoració de la victòria —apuntà Francesc.

—I el rei era Jaume I —vaig acabar de dir contenta—. I ara només ens queda un misteri.

Un que, almenys per a mi eren dos: esbrinar l'últim enigma i saber qui s'amagava darrera d'aquella disfressa de la gavardina i quines eren les seues intencions.

Eren quasi les quatre de la vesprada i pareixia que des que havíem eixit d'El Xiquet Ploró havien passat dies, de tantes coses com ens havien ocorregut.

Deixàrem Francesc i, per la carretera, travessant Albalat dels Sorells, Emperador i Museros, ens dirigírem cap a Massamagrell, on ens esperava la resolució de l'últim enigma del rei.

12
La memòria d'un llibre

Vam arribar a Massamagrell prop de les cinc de la vesprada. Buscàrem l'Ajuntament, i a un policia que estava allí li preguntàrem pel convent de la Magdalena.

—Uix! Això està una miqueta lluny, xiquets.

—No patisca —li vaig dir. Després de les voltes que havíem pegat, per uns quilòmetres més no ens anàvem a acovardir.

—Bo —va dir tirant-se la gorra enrera i rascant-se el cap—, doncs heu de travessar tot el poble fins arribar al barri de la Magdalena, i a l'eixida del barri ho veureu de seguida.

—Moltes gràcies! —exclamàrem tots a una.

I a colp de pedal creuàrem tot el poble. Amb els quilòmetres que dúiem ja al damunt, si no arriba a ser per la bici màgica Annacleta, que havia parlat amb les altres i les havia convençudes, probablement ara estaríem el doble de cansats i no hauríem pogut arribar fins ací.

El que sí que ho estava, de cansat, era Ulisses, que, el pobret, duia, des de feia una bona estona un pam de llengua fora. Així i tot, no va voler pujar en la meua bici quan, en veure'l d'aquesta manera, li ho vaig dir. Annacleta el posava una mica nerviós amb les seues extravagàncies.

Davant del convent ens retrobàrem amb la sèquia de Montcada, que anava camí de Rafelbunyol.

Mentre nosaltres a vora sèquia berenàvem, Blanca va anar a demanar permís al prior per tal de visitar el convent.

Ulisses ens mirava a la cara i també es repassava els nostres entrepans. De tant en tant, quan li llançàvem un trosset de pa amb una miqueta de mescla, no el deixava ni caure a terra. S'ho menjava tan de pressa que Puig va prendre por que se li assentara malament.

—Ulisses, per favor, mastega-ho almenys.

En acabar i veure que Blanca no venia, ens vam començar a preocupar.

—Per què tarda tant? —preguntà una mica neguitós Martí.

—Potser l'han retinguda —vaig deixar caure.

—Qui, els frares? —em contestà irònic Martí.

—No, l'home de la gavardina.

—N'hi ha que veure com ets, Berta, tu i les teues fantasies.

—Jo també vaig veure l'home —li va dir Puig.

—Hem de fer-hi alguna cosa.

—Sí, però què?

—No res —ens va interrompre Blanca—, agafar les bicis i entrar al convent, el prior ens el mostrarà.

—Ai, Blanca, com que tardaves tant pensàvem que t'havia passat alguna cosa —em vaig intentar disculpar per haver tret conclusions abans d'hora.

Al convent de la Magdalena, a diferència del Reial Monestir del Puig, mai no va haver-hi cap monstre exposat, per això hi vaig entrar amb més tranquil·litat.

Després de fer un recorregut per les principals estances, el prior ens va dur a la biblioteca, on segons ens indicava el mateix enigma trobaríem la solució en un dels vells llibres.

En entrar a la biblioteca, vam poder veure que una segona porta que hi havia a la sala es tancava en aquell moment. No li hauríem donat a aquest petit detall cap importància si no arriba a ser perquè el prior, assenyalant la prestatgeria, va dir:

—El llibre ha desaparegut.

Sense pensar-nos-ho dues vegades, Puig i jo ens dirigírem cap a la segona porta, l'obrírem i no vam trobar ningú pel llarg passadís al qual donava, però en guaitar per una finestra veiérem l'individu de la gavardina que fugia corrents pel jardí, amb un llibre davall del braç.

—Va pel jardí!, va pel jardí! —vam cridar totes dues.

Eixírem al jardí tots junts i encara aconseguírem veure el lladre.

—És veritat, el misteriós home de la gavardina existeix! —va dir sobtada Blanca.

—Ho veus?, no eren imaginacions meues.

Ulisses corria darrera de l'individu, que estava a punt d'abandonar el recinte del convent. Probablement a l'altra banda del mur tenia un vehicle i, si no li donàvem prompte abast, el perdríem i, amb ell, la possibilitat d'aconseguir esbrinar els cinc enigmes del rei.

—Annacleta, Annacleta! Talla-li el pas! —vaig cridar a la meua bicicleta.

La bici màgica es va alçar d'on era i es va llançar a colp de pedal a per ell. Ulisses aturà la seua persecució en sec. Quan quasi l'havia agafat es deixà caure i, esmunyint-se, va aconseguir tirar-lo per terra. De seguida arribàrem al seu costat. Per fi podríem veure-li la cara a l'espia.

I per a sorpresa nostra no era un altre que el frare que acompanyava el prior del Monestir del Puig quan el vam visitar feia ara una setmana.

Més tard, quan va arribar la policia, vam poder saber que es tractava d'un individu perillós que pertanyia a un grup de bojos que tenia com a objectiu fer oblidar a tot el món el seu origen, infiltrant-se en monestirs, conselleries i fins i tot periòdics.

Blanca li va arrancar el llibre de les mans. Es tractava d'una còpia del *Llibre dels Fets*, escrit pel mateix rei Jaume I.

—Llegiu l'enigma —ens demanà Blanca.

—"Escriure per guardar la memòria. A la Magdalena heu de buscar un llibre on es guarda la memòria dels meus fets" —vaig llegir per a tots.

—Fàcil! El *Llibre dels Fets* del rei Jaume I, on guarda la memòria de la conquesta de València i del seu regne.

Blanca va obrir el llibre i, en la primera pàgina, va trobar un full solt.

—Mireu, sembla un missatge: "Joves, heu aconseguit esbrinar els cinc enigmes del rei. Cinc enigmes que no havien estat més que l'excusa perquè el futur, es retrobara amb el seu passat". I al final una estranya signatura, quatre creus indicant els quatre punts cardinals unides amb un rombe.

—És la signatura del rei Jaume I —vaig dir.

—Sí, o almenys l'han sabuda imitar molt bé —em contestà incrèdula Blanca.

Baixàrem de nou cap a Massamagrell i agafàrem el metro fins a l'estació de la plaça Xàtiva de València. Ulisses va tornar a fer el viatge amagat dins de la seua motxilleta, ja buides totes després d'haver passat tot el dia passejant per l'Horta Nord.

A la nit, poc abans d'anar-me'n al llit, em va cridar Blanca per telèfon.

—Berta, en arribar a casa he cridat al Reial Monestir del Puig i el prior m'ha confirmat que el llibre ha tornat al seu estat normal. Pensava que t'agradaria saber-ho.

—Això és fantàstic! Però estic tan emocionada que no sé si podré dormir aquesta nit!

I tant que vaig poder dormir, encara no havia tancat els ulls que m'havia quedat com un tronc.

Epíleg

Durant tota la setmana no havia fet altra cosa que parlar a casa del rei Jaume I. Fins i tot la meua gata Gilda, sempre tan apegalosa, n'estava una mica farta, de mi, i quan sentia el nom del rei eixia de l'habitació on jo em trobava parlant-ne.

Així i tot, arribat el Nou d'Octubre mon pare em va dur a veure la baixada de la senyera des del balcó de l'Ajuntament, la processo cívica i la posterior ofrena floral a l'estàtua del vell rei al Parterre.

Hi havia molta gent amb senyeres. Pel camí ens vam trobar amb Puig i el seu pare, aquest tant despistat com sempre, i també amb Martí i Jamal, que últimament s'havien fet inseparables, i fins i tot vaig poder veure entre un grup de joves reivindicatius Blanca, al costat de la meua germana Teresa.

El pare m'havia promés que després aniríem junts a comprar la *mocadorà*. Jo li vaig pregar que afegira enguany a la *mocadorà* un llibre en valencià.

—Pare, els llibres guarden tantes coses en el seu interior i ens són tan fidels que, fins i tot, poden esperar anys perquè els llegim. Quin millor regal per demostrar el nostre amor a la persona estimada!

Quan tot el seguici oficial se n'anà del Parterre, em vaig quedar una estona mirant l'estàtua i en un moment determinat vaig tenir la sensació que el rei

Jaume I em picava l'ullet. Potser tenien raó Blanca i la resta de la colla, deu ser que tinc un excés d'imaginació.

L'endemà, reunits a la biblioteca, vam decidir a l'igual que el rei tornar al Puig el darrer diumenge d'octubre.

BIBLIOTECA

L'HORTA NORD

Comarca de la regió de València. El cap judicial de la qual és Massamagrell. És una estreta plana situada a la costa. S'estén des del riu Túria pel sud fins al terme de Puçol al nord. Al nord s'alça la serra de la Calderona i a l'oest la de Montcada i Paterna. Els dos trets més singulars de la comarca són la presència del riu Túria i de la ciutat de València. El clima és mediterrani, amb tendència a l'aridesa. L'hivern és suau i l'estiu calorós, les pluges són escasses i irregulars. Actualment la part no urbanitzada de la comarca té sobretot cultius de regadiu.

La base econòmica tradicional ha estat i encara ho és l'agricultura de regadiu intensiu (la taronja i les hortalisses), així i tot també hi ha hagut indústries tèxtils, i de mosaics, però en els últims anys la comarca ha tingut un gran desenvolupament industrial i s'han instal·lat en quasi tots els pobles un o diversos polígons industrials on s'han ubicat indústries xicotetes i mitjanes de tot tipus. L'activitat turística mai no hi ha tingut una gran importància, encara que en les darreres dècades s'han construït algunes urbanitzacions a prop de la mar, a la platja del Puig, de la Pobla de Farnals, d´Alboraia (aquestes dues amb ports esportius) i de Puçol, que a més a més al Picaio compta amb un complex hoteler i un casino.

Entre els pobles amb més habitants destaquen:
Paterna (47.000),
Burjassot (36.000),
Montcada (18.602), Puçol (14.000) i Massamagrell (12.500).

EL VIATGE

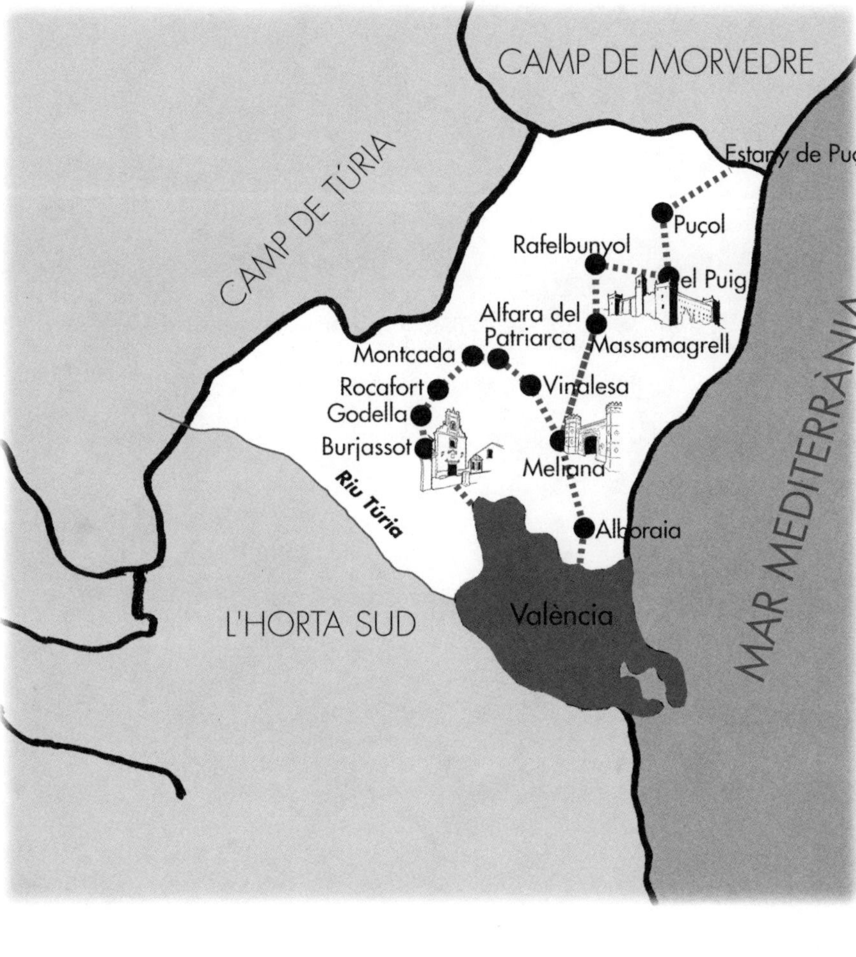
CAMP DE MORVEDRE
CAMP DE TÚRIA
Estany de Puçol
Puçol
Rafelbunyol
el Puig
Alfara del
Patriarca
Massamagrell
Montcada
Rocafort
Vinalesa
Godella
Burjassot
Meliana
Riu Túria
Alboraia
MAR MEDITERRÀNIA
L'HORTA SUD
València